AF262175

LE PARTI

DES POLITIQUES

LE PARTI

DES POLITIQUES

PAR

ÉVARISTE PIMPETERRE

PARIS

E. DENTU, LIBRAIRE-ÉDITEUR

PALAIS-ROYAL, 17 ET 19, GALERIE D'ORLÉANS

—

1874

AVANT-PROPOS

Je voyais l'autre jour sortir de classe, un peu bruyamment, les écoliers d'une pension.

— A quoi allons-nous jouer? s'écrient-ils aussitôt.

— Au géant! répondit l'un d'eux, qui fut immédiatement écouté.

— Oui, mais comment cela se joue-t-il?

— On monte sur le dos les uns des autres et l'on poursuit les petits qui se sauvent, pour ne pas être pris et mangés par l'ogre.

— Oui, mais quels sont ceux qui voudront faire les petits?

— Dame! ceux qui ne seront pas les plus forts!

— C'est cela! crie-t-on d'un immense accord.

On se poursuit, on se bouscule, on se monte sur les épaules. Personne ne veut être petit. Tout le

monde aspire à être géant, et bientôt des plaintes s'é-
chappent de toutes les poitrines. Personne ne peut rester géant une seconde. A peine est-on sur les épaules
d'un camarade, qu'on est renversé, meurtri.

Arrive le professeur.

La paix se fait.

— A quel diable de jeu jouez-vous donc là? dit-il
sévèrement.

— Nous jouions au géant, lui répond-on.

— Tiens, réplique l'excellent homme, j'aurais cru
que c'était à la République; puis il leur tourna le
dos.

Les groupes d'enfants se reforment.

— Il nous donne là une idée, dit un des écoliers,
jouons à la République.

— Oui, mais comment cela se joue-t-il?

— Comme on veut, dit le promoteur du nouveau
jeu. Les uns parlent, les autres crient, mais tout le
monde est chef et personne n'obéit.

Aussitôt dit, aussitôt fait. Nouvelles bousculades,
nouvelles courses, nouveaux cris, ce ne sont que des
disputes et des disputes on passe aux coups.

Le maître revient.

— Quel nouveau jeu avez-vous donc choisi?

— La République, comme vous l'aviez dit.

— Tiens! répond encore une fois le brave homme,
j'aurais cru que c'était à la guerre.

Ce fut une nouvelle idée pour les enfants. Ils essayèrent de jouer à la guerre.

On se divisa en pelotons; mais, au bout de quelques secondes, chacun voulait être chef à son tour; les cris redoublèrent, les coups recommencèrent.

Je me demandais ce que le maître allait dire, quand la cloche de l'étude sonna. Le censeur apparut avec sa figure impassible sur le perron, et sans plus dire un mot, mes géants, mes dictateurs républicains, mes généraux se mirent en rang les uns derrière les autres et l'on rentra silencieusement.

Le censeur resta sur le perron jusqu'à ce que le dernier des écoliers fût rentré, et, me voyant, vint à moi.

— Quelles heures terribles, me dit-il, que celles des récréations! On peut bien dire : récréations, révolutions!

J'admirai la profondeur de ce mot et me retirai, me demandant si en France on ne trouverait point le moyen de ne pas s'ennuyer sans être en guerre civile ou en guerre sociale!

Parbleu! me répondis-je, en me frappant le front : et les censeurs, et la discipline, et l'étude, et la règle, et l'ordre! Est-ce que tout le rebours des sinistres amusements de la démagogie et de la Commune ne paraîtrait pas à la fin excellent? Qui donc nous redonnera la paix, la concorde? Quels chefs nous feront jouer au moins pour quelque temps, au peuple heureux travaillant, commerçant, élevant sa famille et vivant en bonne intelligence, avec lui-même et avec ses voisins?

La réponse à cette question est facile! N'avons-nous pas une nouvelle armée, des chefs et des princes de plus en plus appréciés?

LE PARTI

DES POLITIQUES

I

Il n'y a pas encore un an, la France était dans la plus singulière et la plus amoindrie des situations.

Un homme était tout, un homme avait tout absorbé.

On tirait quelque part le canon, c'était M. le général Thiers qui faisait des expériences d'artillerie.

La foule se pressait aux portes du théâtre qui a donné asile à la représentation nationale obligée de se séparer de Paris, c'était le grand orateur Thiers qui devait prendre la parole.

Une escouade de curieux gravissait en plein midi vers les pentes de l'Observatoire de Paris, c'était M. Thiers qui, de concert avec M. Leverrier, devait découvrir ce matin-là une planète.

Un instant la bouteille à verre noir de nos pères faillit être détrônée par un flacon en forme de figure humaine. C'était une statuette creuse de M. Thiers dédiée aux buveurs de France et contenant la liqueur dite du grand homme.

Il ne se traitait pas une question de douane, de guerre, de science, d'art, de littérature que quelqu'un ne décidât en dernier ressort : ce quelqu'un c'était M. Thiers.

Quand M. Thiers prenait la parole, commençant un discours en disant de sa petite voix : Prenez garde, messieurs ! la Bourse baissait de quatre francs.

Il est vrai que M. Thiers daignait ne pas garder toute la gloire pour lui seul. Il la partageait avec madame Thiers et mademoiselle Dosne. Il en laissait aussi quelque chose à M. Barthélemy-Saint-Hilaire..... mais si peu..... le droit de réponse.

Quoique *empereur civil*, dans toute la force du terme et des faits, il voulait bien aussi ne pas coiffer le célèbre petit chapeau napoléonien ; il se contentait de la redingote grise des grands jours oratoires et du chapeau de paille de M. Prudhomme.

Majestueuse France, comme elle allait se faisant petite, agitée, inquiète, acariâtre, volontaire et jacobine, l'image exagérée de son dictateur omniscient et omnipotent.

Il fallut l'inondation rouge des Ferrouillat, ou des

Barodet et autres représentants des nouvelles couches sociales pour faire ouvrir les yeux à la majorité. Elle reconnut un beau matin que M. Thiers savait tout, pouvait tout, voulait tout, excepté arrêter le torrent démagogique. Ce fut l'affaire d'un quart d'heure. Le président pour lequel on parlait déjà d'une dictature à vie n'eut, dans l'occasion décisive, qu'une minorité dérisoire. Il donna sa démission.

Depuis, on n'en a plus entendu parler. Le retentissement de son nom s'est éteint avec sa puissance. Il a vainement cherché des ovations à Belfort, à Mulhouse et sur les lacs suisses; l'ingratitude française s'est prononcée carrément contre lui, et on s'est réveillé tout étonné de voir : qu'en France, M. Thiers disparu, le soleil se levait et se couchait à la même heure.

On achevait de payer les Prussiens; l'évacuation du territoire s'effectua. Nulle part aucune émeute ne se fit voir; le mouvement Ferrouillat et Barodet s'arrêta comme par enchantement. Un ministère dit « de combat » osa agir conformément à son nom, et, ma foi, combattit assez bien sous l'égide du maréchal Mac-Mahon, remplaçant celui que l'on avait proclamé irremplaçable.

II

Est-ce à dire que nous ne reconnaissions pas les mérites vraiment transcendants de M. Thiers : bien loin de là ! Mais nous croyons sincèrement que le pouvoir personnel n'était pas ce qu'il nous fallait après la chute successive de tant de dictateurs depuis Napoléon III, jusqu'aux hommes du 4 septembre et aux dictateurs successifs ou simultanés de la Commune.

M. Thiers suffisamment entouré nous eût paru suffisant. Mais maître et directeur absolu, il nous effrayait, non pas pour son talent ni son ambition, mais par sa faiblesse pour la révolution. Aussi, ceux qui ont lu nos précédentes brochures politiques, nous rendront cette justice que, tout en reconnaissant les mérites du successeur du 4 septembre, nous n'avons jamais partagé l'engouement que la plupart des publicistes professaient pour lui. Nous regardons comme une mauvaise habitude politique de mettre sa confiance dans une personnalité, même des plus brillantes. Ce que nous désirons pour notre pays, ce sont des institutions autour desquelles se groupent, comme dans les vraies monarchies constitutionnelles, des hommes de mérite préparés de longue date, soit par leurs traditions soit par leurs travaux.

Des opposants dans notre malheureux pays, il y en a toujours assez. Le plus petit de nos conseils municipaux a son opposition par laquelle on arrive.

Ce que nous voudrions, c'est que l'on n'arrivât plus par l'opposition, mais par les services rendus.

M. Thiers devait encore plus sa renommée à ses luttes parlementaires pour la conquête du pouvoir qu'à de vrais services.

Il nous faut des hommes qui ne cherchent plus à s'élever en dehors de ces derniers. L'État est une vraie armée, l'armée de l'ordre. Les généraux qui dans l'armée ne doivent leur célébrité qu'à l'opposition ne vont jamais loin. Il faudrait que l'on s'habituât à admettre aussi cette vérité pour l'ordre civil.

La majorité de l'Assemblée nationale a, du reste, rendu à ce principe un hommage éclatant, en portant au pouvoir un homme de devoir avant tout, M. le maréchal Mac-Mahon.

C'est peut-être la première fois que cela se voit en France, et nous souhaitons que cela devienne la coutume. On est évidemment un faible soutien du pouvoir quand on a été la plus grande partie de sa vie, un cory-phée de l'opposition.

Pourquoi le prince Napoléon, lors de la chute de la dynastie impériale, n'a-t-il pu rendre aucun service, c'est que des alliances avec toutes les oppositions lui avaient ôté la confiance publique?

Au contraire, quoique éloignés vingt ans de la France, les princes d'Orléans reviennent parmi nous, et l'on forme aussitôt faisceau autour d'eux, parce que l'on reconnaît en eux les hommes du devoir. On ne les avait jamais vus dans aucune intrigue, dans aucune conspiration. On les retrouve tout à coup au jour du danger.

Ils reviennent offrir leurs épées et leur expé-rience à la patrie. Ils ne se jettent dans aucun autre parti que celui de la France.

Aussi, loin d'être obligé de modérer leur ambition, est-on forcé, dans l'intérêt du pays, de l'exciter.

C'est ce que nous avons cru devoir faire pour notre part, dans notre dernière brochure intitulée *Demain!* Maintenant qu'ils sont là, qu'ils ont montré ce qu'ils voulaient et une partie de ce qu'ils pouvaient, nous sommes moins inquiets.

Nous disions entre autres choses, à MM. les princes d'Orléans, vous êtes rentrés en France, vous avez tou-ché de nouveau le sol de la patrie, ayez, nouveaux

Anthées, confiance en vous-mêmes, ne craignez pas la lutte, montrez-vous.

A Mgr le comte de Paris, à Mgr le duc d'Aumale, à tous les princes de la famille d'Orléans, nous osions dire montrez ce que vous êtes.

Ils ont fait violence à leur modestie, et en peu de temps ils ont pris, par le seul ascendant du vrai mérite, une place prépondérante.

Avec quel art admirable, Mgr le comte de Paris n'a-t-il pas conduit les négociations si difficiles de la fusion. Si elles n'ont pas reconstitué le trône de Bourbon, elles ont au moins fait un faisceau de toute cette grande famille, que partout les événements montrent devoir être encore longtemps utile aux peuples.

A l'Académie française, il a suffi à Mgr le duc d'Aumale de se présenter pour vaincre. Quel charmant et patriotique discours !

A la présidence du conseil qui avait à juger la capitulation de Metz, que de connaissances militaires ce même prince n'a-t-il pas montrées, quel tact, quel patriotisme !

Sa présidence n'a-t-elle pas été comme une première revanche de nos défaites ? On se sentait presque consolé en l'écoutant. Les Prussiens ne s'y trompèrent pas. Durant ce long interrogatoire de l'accusé et des témoins, pas une faute ne fut commise. En un mois le duc d'Aumale acquit une de ces popularités que la droiture et le vrai talent seuls ont le privilége d'imposer.

Après un exil de vingt-deux ans, revenir dans son pays, y reprendre, par l'ascendant du mérite, une position supérieure à celle que l'on avait eue ; lutter, quoique prince, contre les plus grands orateurs, aller de pair avec les maréchaux, et cela de la façon la plus naturelle du monde, quel singulier et précieux triomphe ! Ce n'est plus ici la conspiration, l'intrigue qui opèrent, c'est l'ascendant du mérite seul.

C'est ainsi, en peu de temps, que le duc de Chartres, cette charmante figure militaire, qui semble d'un autre temps ; que le comte d'Eu, le vainqueur de Lopez, se font connaître et s'imposent aux sympathies et à l'estime de tous.

III

Et admirez quel est l'ascendant de l'honnêteté et du vrai mérite.

Est-ce que, devant le succès toujours croissant de la famille d'Orléans, l'âme loyale du maréchal Mac-Mahon s'inquiète et s'irrite?

C'est à un Bonaparte qu'il fallut des lois d'exil. Un Mac-Mahon ne craint pas les intrigues, parce qu'il ne s'est jamais mêlé aux choses de ce nom. Ce n'est pas lui qui mettrait à l'écart une personnalité utile.

L'année passée, dans notre brochure intitulée : *Demain*, nous disions :

« Parcourez les campagnes, les villes, vous remarquerez un mouvement de recherche et d'inquiétude.

« Il est évident que si les princes d'Orléans, qui sont tous soldats, qui ont payé de leur personne, en Afrique et en France, au lieu de s'ensevelir dans leur profonde

2

modestie, parlaient, écrivaient, agissaient, bientôt le courant populaire se tournerait de leur côté. La résistance future à l'étranger et aux folies qui, malheureusement chez nous, ont accompagné toujours la République, aurait un centre. »

Avec le maréchal Mac-Mahon et les princes d'Orléans, ce centre est trouvé.

IV

Or, il ne faut pas s'y tromper !

Nous courons de nouveau de grands dangers.

D'une part, la démagogie, refoulée par le gouvernement du maréchal Mac-Mahon, se recueille, pour ainsi
dire. Elle n'ose ni parler, ni agir ouvertement; mais
elle travaille dans le secret. Ses émissaires sont partout.

Elle dit, à qui veut l'entendre, que la victoire sera à
elle dans les prochaines élections, victoire pleine et
entière, qui mettra les nouvelles couches sociales en
plein pouvoir.

En regard de ces espérances de la démagogie, la
Prusse ne dissimule pas non plus les siennes. Son plan
de bataille, cette fois, est peut-être encore plus habile
que celui de 1870, et ce plan le voici :

M. de Bismarck a déclaré la guerre au catholicisme;

il fait condamner et emprisonner les évêques. Que recherche-t-il, en agissant ainsi ? Il recherche l'alliance évidente du radicalisme français. Il espère avoir les mêmes auxiliaires sur notre propre sol qu'il avait à Sadowa.

La Commune aussi déclara la guerre aux prêtres; elle fit plus que les emprisonner. On sait quel fut le sort de l'archevêque de Paris. M. de Bismarck ne fera certainement pas d'exécution sanglante ; mais il promettra à la France radicale, en cas d'une nouvelle invasion, la fin du catholicisme ; il offrira son alliance aux ennemis du pape, et ceux qui, en 1866, ont été assez insensés pour préférer la Prusse à l'Autriche, préféreront le triomphe du protestantisme à celui de leur propre pays.

Il faut y prendre garde, les plans du Richelieu prussien contre nous sont implacables.

La France n'aurait qu'un moyen de se sauver, ce serait d'opposer la foi française, le patriotisme français au machiavélisme berlinois. Mais faites donc du patriotisme et de la foi avec des gens qui professent ouvertement le machiavélisme et de l'athéisme, qui proclament la religion des enfouissements civils. Quand M. de Bismarck se présentera en France avec une nouvelle armée, qu'il proclamera la guerre au catholicisme comme en Allemagne, qu'il fera emprisonner les évêques, il paraîtra à une foule de Français dénaturés continuer l'œuvre de Voltaire et de Rousseau, la prétendue émancipation des esprits.

Oh ! quand nous pensons à ces deux dangers réunis, le radicalisme et M. de Bismarck, nous sommes pris d'effroi. C'est pourtant ce qui nous attend si nous ne nous y opposons de longue main.

Les catholiques ne s'y trompent pas. De là leurs inquiétudes, leurs pèlerinages et tout ce qu'on appelle leurs agitations. Ils sentent que la lutte se prépare et que M. de Bismarck, à la tête de la croisade protestante, est encore plus terrible qu'à la tête des conseils militaires de l'Allemagne.

V

Dans ces graves dangers, dans ces dangers tels qu'aucune nation n'en a encore connu, qui nous aidera? qui nous sauvera?

Ce ne peut être qu'un grand, qu'un immense parti de l'ordre, ayant à sa tête des princes de la maison de Bourbon, et appuyé sur l'armée.

L'armée, comme le clergé, a vu, elle aussi, ce qu'elle a à attendre des adhérents de la Commune. Les généraux ont été les premières victimes ; après sont venus les prêtres et les religieux. Qui sait où se seraient arrêtées les exécutions si l'insurrection eût été triomphante, et à quels excès de transformation sociale on se fût borné?—Il n'y a que ceux qui ont habité Paris pendant ces temps lugubres qui ont pu le pressentir.

Or, quelle est donc la barrière qui nous sépare du retour de semblables entreprises? Avons-nous une constitution véritable? Quand on a vu, comme nous l'avons vu depuis près d'un siècle, à quel degré de faiblesse descendent les partis les plus forts, tour à tour vainqueurs et vaincus, auquel se peut-on fier?

Nous ne nous lasserons pas de le dire : — l'histoire nous fournit une grande leçon à cet égard. A la suite des guerres de religion, qui n'étaient autres que de véritables guerres civiles et sociales, il se forma, en dehors de toutes les intrigues de second ordre, un grand parti, dit des politiques, dans lequel entrèrent progressivement et les hommes les plus considérables et la masse de la nation. Ce parti, voyant la France menacée à la fois par l'ennemi intérieur et l'ennemi extérieur, prit pour principe qu'il fallait que chacun sacrifiât quelque chose au salut commun. Le chef des politiques fut Henri de Navarre, plus tard Henri IV. Faisant abnégation de ses croyances huguenotes et de son passé indépendant, il proclama que Paris valait bien une messe, et qu'avant le drapeau de Calvin ou de tel autre réformateur, il était un drapeau qu'il fallait surtout élever. Cet étendard, c'était celui de la France. Les Français bien inspirés firent comme les soldats à la bataille d'Ivry, ils se rallièrent autour du roi, et pour de longues années on connut enfin ce que c'était que la stabilité. Il faut lire dans les livres et les mémoires du temps quelles difficultés rencontra le succès du parti des politiques pour comprendre quelles étaient l'importance et la grandeur de son œuvre.

Et cependant on avait d'abord ri de ce groupe si curieux à étudier. On avait été jusqu'à l'appeler le parti des fous, et au commencement il avait été facilement battu par les partis du désordre. Mais progressivement, et quand on vit ce qu'il voulait, on ne le railla plus. Les adhérents lui vinrent, et la France, après onze ou douze guerres civiles, respira enfin.

VI

Reformer un nouveau parti des politiques : on en rira d'abord; on se demandera ce qu'il veut et pourquoi il se crée. La réponse viendra bien vite.

Est-ce que véritablement en France il n'y a pas un parti du désordre? Qu'est-ce que c'est que toutes ces révolutions à époques périodiques? On les attribue complaisamment au malaise des classes pauvres, à la soif d'égalité et de liberté, à la compression exercée par les gouvernants.

Erreur et mensonge !

La vérité, c'est que dans les temps troublés, la peur saisit facilement les esprits, les hommes les plus sérieux craignent de se compromettre en prenant parti et en montrant leur cocarde. Le jour où l'on saurait qu'il y a un certain nombre d'hommes décidés à faire tête aux factions, celles-ci disparaîtraient. Que de gens ne sont socialistes, républicains ou pis encore que parce qu'ils redoutent précisément le triomphe du parti qu'ils ont embrassé en apparence.

Cela rappelle ce mot profond d'une honnête femme qui se montrait depuis quelques temps avec des toilettes tapageuses. On lui en fit l'observation. Que voulez-vous, répondit-elle, je ne veux pas me faire remarquer. Nous disons que le mot était profond. Car combien de gens seraient honnêtes, se mettraient honnêtement, se conduiraient honnêtement, si l'honnêteté était remise à la mode.

Les princes d'Orléans peuvent beaucoup à cet égard; simples, modestes, Français dans l'âme, ne recherchant qu'une popularité de bon aloi, fondée sur les services rendus, ils n'ont pas à s'inquiéter des petits moyens, ils n'ont pas à flatter la foule, ils n'ont pas à la craindre non plus. Elle les suivra quand ils voudront. Nous avons eu le règne du faste de mauvais goût, des fêtes et des spectacles à cascades. Ils nous ramèneront le règne du bon goût. La volonté à cet égard leur suffira. Aucun peuple n'est plus facile que le peuple français. Il est petit maître avec la Fronde, débauché avec le Directoire, conquérant avec le premier Empire, fou et excentrique dans ses goûts avec le second. D'autres exemples lui donneront d'autres mœurs.

VII

Mais le temps presse. Il n'y a pas un moment à per-
dre. Le coursier du mal hennit au loin. Un seul instant
d'abandon et d'oubli, et nous revenons aux scènes
de 1848, à celles de la fin du gouvernement de Septembre et de la Commune. Déjà l'élection de Ledru-
Rollin n'a-t-elle pas triomphé dans le département de
Vaucluse ?

Nous ne voudrions pas risquer de compromettre une
bonne cause par des excès de zèle intempestif. Mais
osons le demander. L'heure ne serait-elle pas venue
pour les princes et pour le grand parti de l'ordre de
s'affirmer d'une manière éclatante?

Voyez comme on songe déjà à battre en brèche la
constitution septennale, notre palladium actuel.

A peine le maréchal Mac-Mahon a-t-il saisi les rènes
et fait-il sentir quelque peu le frein aux partis, que

déjà ceux-ci chercheraient volontiers à prendre une allure hostile, une attitude ennemie. On n'ose pas, mais comme on s'en donnerait à cœur joie, sans la crainte de notre admirable armée serrée autour de généraux qui veulent et qui savent vaincre.

Demandez aux officiers des garnisons de Lyon, de Marseille et d'autres grandes villes du Midi, à quel mauvais vouloir ils sont en butte, et combien d'attaques dissimulées ils sont obligés de repousser !

CONCLUSION

Quand est venue pour la troisième fois la République avec la double prétention de donner en même temps à la France et la liberté et la victoire, que lui a-t-elle apporté?

Pour la liberté, nous avons reçu celle du désordre, et cette liberté a fini par la guerre civile la plus épouvantable.

Quant à la victoire promise, elle a été la défaite la plus complète.

De Sedan et de Metz, ces deux horribles précipices, nous avons été de chute en chute, par l'impéritie des dictateurs de Septembre jusqu'à l'abîme des cinq milliards. Et cependant la série des événements a prouvé que nous avions des généraux et des soldats.

Maintenant, pouvons-nous espérer nous relever par cette même République avec laquelle nous avons été si annihilés.

Nous offre-t-elle quelques espérances? Le radicalisme a-t-il plus d'hommes que précédemment?

Lorsqu'elle est venue, cette troisième République, avec la prétention de réparer le désastre de Sedan, d'arrêter l'ennemi, de garder jusqu'à la dernière pierre de nos forteresses, de disputer pouce à pouce le territoire envahi, on aurait pu croire à des plans faits d'avance, à des ressources que l'on tirerait de la réaction, à l'une de ces fameuses levées révolutionnaires.

Mais non, l'incapacité des chefs du mouvement de Septembre paralysa tout. Quelle campagne que celle de M. Gambetta, divisant les forces du pays au lieu de les réunir, envoyant des troupes aux extrémités de la France, au lieu de concentrer tous les efforts sur Paris, sans exception?

Laissèrent-ils, ces dictateurs de Septembre, se montrer un homme nouveau? La jeunesse fut-elle appelée aux affaires?

Non, la sénilité garda tout pour elle.

Le parti des vieillards, comme on pouvait appeler le gouvernement de Septembre et son prolongement par MM. Thiers, Barthélemy-Saint-Hilaire, s'est-il corrigé?

Non! Voici qu'il cherche à se renforcer de M. Ledru-Rollin, oublié depuis 1849.

Il est vrai que M. Thiers a ouvert la porte à l'entrée des nouvelles couches sociales. Mais que nous a donné M. Barodet, le représentant des susdites couches? que nous ont donné ceux qui sont venus après lui?

On peut l'affirmer et l'histoire le proclamera, du mouvement de Septembre, du gouvernement de M. Thiers, pas un homme n'est sorti.

Nous disons que pas un homme n'est sorti de ce gouvernement, car nous ne ferions pas au maréchal de Mac-Mahon l'injure de chercher d'où il procède.

Il est l'homme du pays, de ses victoires comme de ses malheurs. Il a toujours fait son devoir sans regarder derrière lui. Le pouvoir lui est venu, il ne l'a pas cherché.

Mais précisément à cause de sa valeur comme caractère, il faut songer à faire en sorte que son Septennat ne soit pas une simple halte dans la paix et dans l'ordre. Il faut lui préparer des collaborateurs et des successeurs. Avec lui, on n'a pas à craindre les questions de rivalité et de personne.

N'est-ce pas lui qui, en cherchant Mgr le duc d'Aumale comme président du conseil de guerre pour le grand procès de Metz, a donné à l'éminent prince l'occasion de se montrer à la France dans toute la valeur de sa personnalité, de ses études, de son caractère politique?

Le gouvernement du maréchal ne pourrait trouver mauvais que la France se prépare à chercher, s'efforce de sortir de nouveau des mains qui l'ont perdue en Septembre, et qui travaillent à la ressaisir.

Le ministère dans lequel il a mis sa confiance en est la preuve.

Ce ministère combat comme il l'avait promis.

Que les honnêtes gens aident ces efforts. Que, de plus, en vue de l'avenir, ils fassent aux princes d'Orléans un cortége de leur cœur et de leurs efforts!

Dernièrement encore, on engageait des masses de pèlerins pour *Chislehurst*. Le bonapartisme ne se lasse pas. Il a fait pis que ce qu'il a reproché aux émigrés : il a proclamé son empereur sur la terre étrangère !...

En présence de cette audace, de cet espèce d'appel à la guerre civile, ceux qui veulent rester Français ne sauraient agir assez énergiquement.

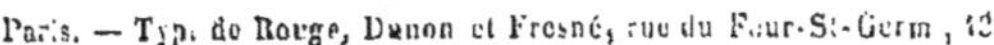